Katzen
Katzen
Katzen

Fotografien von Jane Burton

vmb PUBLISHERS

Redaktionelle Leitung: Valeria Manferto De Fabianis – Layout: Clara Zanotti

Vorwort: Kim Taylor – Redaktion: Giorgio Ferrero

Katzen
Katzen
Katzen

Fotografien von Jane Burton

INHALT

VORWORT SEITE 8

FAMILIENLEBEN SEITE 10

GROSS RAUSGEKOMMEN SEITE 60

DIE LIEBEN KLEINEN SEITE 134

FREUNDE UND RIVALEN SEITE 194

Vorwort

KIM TAYLOR

Katzen haben einen ganz erstaunlichen Körper, der sich in vollem Lauf über Land sehnig strecken oder federleicht und unsichtbar durchs hohe Gras schleichen kann. Mit ihren kräftigen Krallen können sie problemlos den glattesten Baumstamm erklimmen. Und sollten sie tatsächlich einmal fallen (was selten genug geschieht), dreht sich ihr wendiger Körper exakt so, dass er auf den Beinen landet. Für dieses athletische Erbe verantwortlich sind die Vorfahren unserer Hauskatzen, die Wildkatzen. Ihre grundlegende Körperform ist in jeder heutigen Hauskatzenrasse erhalten geblieben.

Die Welt ...

... mit den Augen einer Katze

Bei Hunden, die für spezielle Aufgaben gezüchtet werden, ist das ganz anders; sie treten in den verschiedensten Größen und Formen auf. Katzen hingegen sind weniger die Diener der Menschen als ihre Begleiter – obwohl sie natürlich auch ohne deren Gesellschaft vollauf zufrieden sind!

Katzen sind die geborenen Jäger. Ihr Instinkt, sich auf alles zu stürzen, was klein ist und sich bewegt, tritt klar zutage, sobald ein kleines Kätzchen auf den Beinen stehen kann. Dann ist es besonders wichtig, dass die kleine Katze mit Spielzeug lernen kann, wie sie ihre Beute fängt. Natürlich spielen Kätzchen auch miteinander, und dabei bieten sie nicht nur einen entzückenden Anblick, sondern trainieren auch ihre körperlichen Fähigkeiten im spielerischen Kampf. Schließlich lebten ihre wilden Vorfahren als einzelgängerische Jäger stets auf der Hut und allzeit bereit, ihr Territorium gegen Eindringlinge zu verteidigen.

Im Haus oder im Garten fotografierte Katzen zeigen sich im entspannten Ruhezustand von ihrer besten Seite. Aber die Anmut und Eleganz aller Facetten ihrer Bewegungsabläufe lässt sich in deieser Umgebung kaum einfangen. Um eine Katze ganz detailliert in Aktion zu zeigen, muss ein Blitzlicht zum Einsatz kommen, damit auf em Bild nichts verwackelt. Ein in die Kamera eingebauter Blitz, so modern er auch sein mag, führt aber immer zu eindimensionaler Frontbeleuchtung mit harten Schatten. Weiches Licht aus allen Richtungen, das die eleganten Kurven des Motivs vorteilhaft herausstreicht, lässt sich nur im professionellen Fotostudio erzeugen. Das aber bringt sofort das nächste Problem mit sich: In der ungewohnten Umgebung ducken sich die meisten Katzen in eine Ecke und verweigern jegliche Zusammenarbeit. Und anders als Hunden kann man einer Katze nicht einfach beibringen, etwas zu tun, das sie nicht tun will – alles Locken bleibt da oft vergeblich.

Die Lösung besteht shclicht und einfach in genügend Zeit. Nach einem oder zwei Tagen im Studio fühlt die Katze sich nicht mehr so fremd und beginnt, sich unbeschwerter zu bewegen und zu spielen. So können dann Fotos einer glücklichen, entspannten Katze entstehen, wie sie in diesem Band zusammengestellt sind.

Kim Taylor

FAMILIENLEBEN

Ein Spiel der Beziehungen ...

... und Generationen

Liebevolle Anwandlungen oder rebellisches Verhalten? Bedingungsloses Vertrauen oder Streben nach Unabhängigkeit? Ein Rollenspiel nimmt seinen Lauf – oder vielleicht nur ein ganz typischer Tag in der Katzenfamilie ...

Familienporträt

"Bella" und ihre Jungen

SONDERTRANSPORT

Schildpatt-Tabbykatze "Pansy" und ihr Nachwuchs

Rote Burmakatze "Ozzie" mit Kätzchen

Streicheleinheiten

REBELL

Britisch Kurzhaar in Rot-Tabby

UMZUG

Schildpatt-Tabbykatze "Pansy" und ihr Junges

Gegen den Strich

Britisch Kurzhaar in Blaucreme "Phoebe" und "Skylark"

MÜTTERLICHER TADEL

Silbergetigerte Katzen "Aster" und "Asphodel"

Früher oder später ...

... kommt Mama eben doch dahinter

Koratkatze "Kami" im Kampf mit der nächsten Generation

Angenehmes Nasenkribbeln

Gezähmte Tiger

Silber-Tabbykatze "Aster" mit ihren Jungen

Eine Katze fragt nicht, sie nimmt.

Silbergetigerte Katze "Aster" und ihr Junges

Lektion fürs Leben

Ich weiß, du hast mich lieb!

Gutenachtkuss

Rotbraune Kurzhaarkatzen "Lucky" und "Hamish"

Unterwegs mit Mama

"Cookie" mit ihrem Kätzchen und Schildpatt-Perser mit eigenem Nachwuchs

“Die Katzen leben auf dieser Welt,
damit wir uns darauf beschränken zu träumen.”
(G. Priscilli)

DRANG NACH UNABHÄNGIGKEIT

DAVID GEGEN GOLIATH

Silber-Tabbykätzchen

Hochspannung

Familiärer Hinterhalt

Britisch Kurzhaar in Silberschildpatt "Sylvia" und Kätzchen

“Maudy” mit ihren Kleinen

“Über eine Familie zu herrschen
ist kaum weniger schwierig,
als über ein Königreich zu
herrschen.”

(Michel de Montaigne)

Komm, spiel mit mir!

Katze "Pearl" in Silberschildpatt und Weiß samt Nachwuchs

MAMAS PFLEGE

GROSS
RAUSGEKOMMEN

Tausend Gesichter einer Katze ...

... der geheimnisvollen Herrscherin im Haus

Geheimnisvoll, elegant, zärtlich, intelligent, unabhängig, frech, verspielt ... kurz gesagt: Katzen.

"Rosie" und "Sale"

PECHSCHWARZE SCHÖNHEITEN

Koratkatze "Chiba"

ADEL VERPFLICHET

Seltsames Paar

"Felix" und "Felix", zwei schwarzweiße Kater

Siamkatzen mit Seal-Point-Färbung

Luftaufnahmen

Das Geheimnis der Sphinx

Chinchilla-Perser in Silber-Tabby "Cosmos"

Silber-Tabbykatze

Wer hat denn die Welt auf den Kopf gestellt?

Burmakatzenmischung in Blaucreme "Levi"

GROSSWILDJAGD

Schildpatt-Tabbykatze "Pansy" und blauer Burmakater "Monty"

DER PATE

Schildpatt-Tabbykatze "Pansy" und blauer Burmakater "Monty"

REVIERVERTEIDIGUNG

Knock-out

Tabbykatze "Dainty" und Kater "Mowgli"

Silber-Tabbykatze

KATZENDUELL

Machtposition

"Die Katze bleibt auch als Haustier stets ein unabhängiger, wilder, kleiner Panther."

(Konrad Lorenz)

Bengalkater "Spike"

"Ich habe die Philosophen und die Katzen studiert,
doch die Weisheit der Katzen ist um einiges größer."
(Hippolyte Taine)

Perserkater in Blauweiß "Cobweb"

Morgentoilette

Rexkatze

"In den Augen einer Katze finden sich viele Mysterien"
(Marcel Reney)

Einfach nur Katze

"Gegen die Mehrheit der Katzen spricht
ihre unerträglich überlegene
Ausstrahlung."

(Pelham Grenville Wodehouse)

KLASSISCH ...

... LÄSSIG

Ägyptische Maukatze in Silber "Holly" mit sepiagetupfter Bengalkatze

Braune Burmakatze und Chinchilla-Perserkater "Horace" in Silber-Tabby

HALTUNG IST ALLES

Ein langweiliger Tag

Chinchilla-Perser in Silber-Tabby "Cosmos"

Blaue Tonkanese "Del"

"In einem Haus, in dem eine Katze lebt, vermisse ich keine Skulpturen."
(Anonym)

"Fahr bitte nicht deine verborgenen Krallen aus."
(John Keats)

Blaue Tonkanese "Del"

Silberschildpattkatzen "Butterfly" und "Joan"

Natürlicher Instinkt

Angriff und Verteidigung

"Peregrine" und "Butterfly"

VERSCHIEDENE PERSPEKTIVEN

Rotbraune Tabbykatze "Lucky"

Schönheitssalon

AUF DIE PLÄTZE, FERTIG ...

… LOS!

Siamkatze und braungestromte Katze

Yogastellungen

Rotbraune Katze und Cornish Rex "Faber"

Tabbykatze "Dainty"

“Die Vorstellung einer Katze von Gemütlichkeit ist für Menschen völlig unverständlich.”

(Colette)

DEHNÜBUNGEN

Verführung mit einem Blick

"Es gibt wenige Tiere, in deren
Gesicht der Kundige so eindeutig
die augenblickliche Stimmung lesen könnte,
wie in dem der Katze."

(Konrad Lorenz)

Schildpattkatze "Maudi Blacknose"

BEREIT ZUM ANGRIFF

Katze in Schildpatt und Weiß "Maudi Blacknose"

Rotbraune Katze und Britisch Kurzhaarkater "Horatio"

VORSICHT IST ANGEBRACHT!

"Die Katze unterzeichnet
die eigenen Gedanken
mit dem Schwanz."

(R. Gómez de la Serna)

DIE LIEBEN KLEINEN

Katzengeschichten ...

... aus frühen Tagen

Katzen muss man nicht beibringen, wie man Spaß hat, denn sie sind unvergleichliche Meister dieser Kunst.
(James Mason)

ERSTE SCHRITTE

Braungestromte Tabbykatze, silbergetigerte Tabbykatze, braungestromte Britisch Kurzhaar

Morgenmuffel

Cremefarbene Varietät und Britisch Kurzhaar in Rot-Tabby

KINDERKRIPPE

Zwei Wochen alte Katzenjungen

Blaue Britisch Kurzhaar "Taz"

Perpetuum mobile

Burmakatzenmischung und blaue Persermischung

Breakdance

Drunter und drüber

Persermischung in Lilac-Schildpatt "Thomasina"

Entspannung pur

Tabby- und Somalikätzchen

FRECH ...

... UND SCHÜCHTERN

"Fizzie"

Auf leisen Pfoten

Neuentdeckung

"Lukie"

Silber-Tabbykatze "Butterfly"

Anschleichmanöver

Morgengymnastik

KATZENWÄSCHE

Zwei Seiten einer Medaille

“Komm, schöne Katze, an mein Herz.
Doch zieh ein die scharfen Klauen;
lass mich in deine Augen schauen,
Augen aus Achat und Erz.”

(Charles Baudelaire)

Siamkätzchen mit Seal-Point-Färbung und Persermischung in Lilac-Schildpatt

Suche nach dem Knäuelende

Stressbekämpfung

Kätzchen in Blaucreme "Punky"

Blau-Tabbykätzchen und Silber-Tabbykätzchen

Die kleinen Freuden des Lebens

"Squirreltail" und ein schwarzweißes Kätzchen

Auf der Lauer

AUF DEM SPRUNG

Kraftprobe

SCHACHMATT

Kätzchen in Creme mit Schildpattkätzchen

SIEGER...

... UND BESIEGTE

Tabbykatze und Snowshoe "Eyebright"

ERSTE RUNDE

Britisch Kurzhaar in Rot-Tabby

Krieg und Frieden

Britisch Kurzhaar in Rot-Tabby

ATTACKE!

Schauspielschule

Britisch Kurzhaar in Rot-Tabby

Tanz, Kätzchen, ...

... tanz!

FREUNDE UND RIVALEN

Auge in Auge …

… so fern und doch so nah

Trifft eine Katze ein anderes Tier oder lebt sie sogar mit diesem zusammen, ist das immer spannend. Die Katze wird mit ihrem innersten Wesen, ihrem tiefsten Instinkt und ihrer unersättlichen Neugier konfrontiert. Diese Mischung ist explosiv und unberechenbar. Zarte Freundschaften können ebenso entstehen wie Beziehungen, die von gegenseitigem Misstrauen geprägt sind. Dies gilt vor allem, wenn es bei dem Gegenüber um den ewigen Rivalen geht: den Hund.

Kennen wir uns?

Katzenjunges und Spatz

Sperlingskonzert

Ganz neue Wesen

Silbergetigertes Kätzchen mit Igel und Schildkröte

Maine Coon in Silberschildpatt und Weiß mit Meerschweinchen

Gefühlsausbrüche

Tabbykätzchen und Eichhörnchen

Blau-Tabbykätzchen mit jungem Cavalier-King-Charles-Spaniel

Wie du mir, so ich dir!

Eine Frage des Respekts

Katzenjunges mit Welsh-Corgi-Welpen

Meinungsverschiedenheit

Silbergetigertes Kätzchen mit Golden-Retriever-Welpen

Kätzchen in Blaucreme und Cockerspaniel

ICH MAG DICH!

ZWILLINGE IN SPE

Blaues Tabbykätzchen mit Golde-Retriever-Welpen und schwarzweiß geschecktes Kätzchen mit Border-Collie-Welpen

GEGENSÄTZE ZIEHEN SICH AN

Britisch Kurzhaar in Braun-Tabby mit Kaninchen

Gedankenübertragung

Partnerlook

Rotbraunes Kätzchen "Sabrina" mit Kaninchen

PERFEKTE KLAMMER

Rotgetupfte Britisch Kurzhaar zwischen Border-Collie-Welpen

Ein Freund, ein guter Freund ...

Rotbraunes Kätzchen und junger Basset

Siamkatze mit Seal-Point-Färbung und kastanienbraun-gestichelter Spinone Italiano

Das Recht des Stärkeren

VON ANGESICHT ZU ANGESICHT

Rotbraunes Kätzchen mit Jack-Russel-Terrier-Welpen

Rotbraunes Kätzchen mit Dobermann-Pinscher

Yin und Yang

Die Säulen des Herakles

Tabbykätzchen mit Bulldogge

UNGESTÜMER FREUND

Weißes Kätzchen zwischen Dalmatinerwelpen

TUPFENKISSEN

VMB Publishers®
ist eine eingetragene Marke von Edizioni White Star s.r.l.

Via M. Germano, 10
13100 Vercelli - Italien
www.whitestar.it

Übersetzung: Jeanette Mohr, Köln
Producing: lückenlos, Köln, www.lueckenlos.eu

ISBN 978-88-540-1719-1
1 2 3 4 5 6 15 14 13 12 11

Gedruckt in China

ALLE FOTOS: JANE BURTON/WARREN PHOTOGRAPHIC
AUSSER DEN SEITEN 102, 127 UND 129: MARK TAYLOR/WARREN PHOTOGRAPHIC
SEITE 163: DK LIMITED/CORBIS